AF585793

CONGRATVLATION POE-
tique, sur la victoire obtenuë par les Chrestiens
le 7. d'Octobre, l'an mil cinq cens septante-v
auec l'exhortation à tous princes & potenta
de la Chrestiété, de reprẽdre les armes, & pou
suiure la toutale ruïne & destruction des M
chometans.

*Traduicte des vers heroiques de M. maistre Iaques des Con
de vintemille Conseiller du Roy au parlement de
Dyjon, Par Pierre Tredehan Angeuin.*

A LYON,
Par Benoist Rigaud.
1572.
Auec Permißion.

16.

A MONSIEVR, MAISTR
Philibert Bugnyon Iure-consulte Masconnoys, & aduocat en la Seneschaucee & siege presidial de Lyon: Pierre Tredehan. S.

CEux qui ont escrit des causes qui e uient les hommes à s'entr'aymer, mettent principalement trois: L'v (disent ils) prouient du naturel,& ie ne sçay quelle sympathie & cõformité secre de nature,& meurs, d'esprit,qui fait que souu nous aymons au beau premier regard & renco tre, ceux,que nous n'auions au parauant ni ve ni cogneus: l'autre cõmence pour la mutuelle quẽtatiõ,qui n'est pas vn petit moyẽ pour cõio dre les esprits en ceste amitié. La trosieme cõ es choses externes, c'est à sçauoir es plaisirs & uoirs qui se cõmuniquent entre ceux qui s'ay d'vne amitié inuiolable. Ie peux biẽ dire, mõsie que de ces trois fontaines, nostre amitié a prin naissance, son acroissement & sa continuati

ar depuis certain nombre d'annees que premie
mẽt ie vous vey, cogneu & frequentay en ceste
lle de Lyon, mon naturel ma tousiours incité à
us aymer & honorer à cause des vertus excel-
ntes de vostre esprit, qui m'ont rauy en vostre
iour. Et ceste amitié s'estãt peu à peu enracinee
mon cœur, y a prins tel accroissement par la fa
liarité & amiable frequentation de nous deux,
depuis par les plaisirs & benefices que i'ay re-
u & reçoy ordinairemẽt de vous, s'est tant aug-
entee & confirmee, qu'il ny a chose qui la puis-
faire changer ny oublier, non mesme quand
l'auroit plongee au fonds du fleuue de l'Ethé.
ais pource que les plaisirs n'engendrent pas
lement l'amitié, mais aussi nous obligent au
uoir de recognoissance: Voyla pourquoy ayãt
eu de vous ces iours passez les vers heroi-
es composez en latin par ce grand personnage
le conseiller de vinte mille mon bon seigneur,
commun amy de nous deux: Et les ayant faictz
ançois au moins mal que i'ay peu: mon deuoir
cõmandé vous faire present de ma traduction,
&la

&la vous dedier. Voyla, monſieur, tout le moy
que i'ay de recognoiſtre mes bien facteurs, à ſ
uoir de mes petites veilles& labeurs. Ce que i
plus hardiment entreprins pour eſtre aſſeuré q
prendrez cecy en bonnepart, comme d'vn ſer
teur & amy voſtre, qui ne deſire qu'à cercher
moyens de s'acquiter en quelque partie du d
uoir auquel il vous eſt obligé. A Lyon ce 25.
Mars, 1572.

ARME DE NOBLE IACques des Contes de Vintemille Rhodien: Conseiller du Roy en la Cour du parlement de Bourgongne: ſur la victoire nauale obtenuë par les Chreſtiens, contre les Turcs: le 7. d'Octobre 1571.

Traduit par Pierre Tredehan, Angeuin.

OR voicy de rechef, aux roches Actiennes
De l'Ambracie mer (des guerres anciennes
Grandement ennoblie) eſt le Turc dechaßé
n loin de noſtre riue, & qui plus eſt caßé
n va tournant le dos d'une honteuſe fuitte,
e fort large mer ayant pour ſon limitie
l'armee Chreſtienne il quitte & donne lieu,
horreur s'effrayant des grans armes de Dieu.
Ce grand prince des Turcs, de ceſte terre baſſe
la crainte & le fleau, couché deſſus ſa face
ans ſon cabinet clos, du tout ſe bagne en pleurs,
fort eſmeu forcene en poignantes fureurs:
ulle ſon ire ardente es ruiſſeaux de ſes larmes,
ſouhaitte la mort. Plusieurs de ſes gendarmes

Il vous

Il vous fait empaler (c'est de ceste gent là
Le sacrifice seur: tout son plaisir ell'ha
En telle cruauté: ainsi desrompt sa rage)
Et nombre en forcenant sa perte & son dommage.
Il creue de douleur que d'vn Mars ennemy
Trois cens galeres soyent toutes prinses sur luy,
Voire & d'auoir perdu vne armee nauale
A laquelle (dit-on) nulle onc ne fut egale,
Et tant de chefs naurez, trente mille vaillans,
Colomne de l'Empire, hommes forts bataillans,
Lesquels Mars en partie, en partie la flamme
Ha du tout accablez. Il se deult en son ame
Qu'à la cadene soyent autant de ses gens mis
Pour tirer à la rame es nefs des ennemis.
Il ha en grand horreur qu'aux galeres Chrestiennes
Mille canons soyent prins: que les grands troupes sien
Captiues soyent sous eux, qui durant leur bon-heur
Auoyent deuant acquis la coronne d'honneur.
Il est plein de douleur, qu'vne proye si grande
(Ses compagnons receus, ses Matelots, sa bande)
Arrachee luy soit, & d'estre ainsi priué
Du triomphe Ausonic, qu'en son cœur esleué
Desia se presumoit: hors du sens il saute ores,

monstre qu'il peut bien estre vaincu encores.
Le combat soit par vous, Nereides, conté,
rtesmeings en auez & compagnes esté,
rs que de toutes parts des grans vents les tempestes
ptune feit cesser, & les gros flots molestes
paisa, puis le champ es ondes estendit
ropre à ceste bataille, alors que s'entendit
r vous, du feu brullant les nauires destruire,
d'hurlemens de Turcs toute la grand mer bruire,
i maistres & veincueurs se tenoyent, fort pressant
bataille: par signe & menaces haussant
palme en leur esprit, l'armee dans leur dextre,
a proye en leur gorge ils estimoyent comme estre.
lais l'esperance fut. Car les nefs iointes, lors
e Boree eut laißé de faire ses efforts,
i fut cinq iours durant aux nostres tout contraire,
ster leur donne cœur, & l'oste à l'aduersaire.
victoire de Dieu, du haut du Ciel, aux siens
manifeste alors, qui les Venetiens
leine voile pousse, & tout soudain commande
ce grand Duc d'Austrie, & à taute la bande
Roy d'Espagne, außi du Pape, se ruer
us d'vn mesme courage, & s'en aller tuer

L'ennemy

L'ennemy effrayé: que par eux fussent arses,
De feux ardens lancez, leurs nauires esparses.
On ne fait nul arrest: les Chrestiens incitez
Par les astres du Ciel, les Turcs espouantez
Poussent hors de la mer: de feu la flotte encombrent,
Ils prennent des vaisseaux, & les autres enfondren
Aux nefs iettent des crocs, les voiles vont oster,
Ils trenchent le cordage, & en mer font sauter
Les combatans, oubien par glaiue à mort les liurent
Quinze mille Chrestiens des cadenes deliurent,
Lesquels ce cruel là de leurs maisons rauit
Lors que la Chaönie à tout ses nefs suiuit.
Tant d'vn costé que d'autre y a grandes deffai
On ne peut pour le bruit entendre les trompettes:
La mer ne se peut voir pour le nombre des morts:
L'air est plein de fumee: Antennes gros & forts
En esclats vont nageant, & des nefs l'excellence.
La mer du sang des morts rougit en abondance.
Apres ce grand carnage, en fin prennent repos,
Les grands princes captifs, les Ducs, & leurs suppo
Quarente mille Turcs ils chassent par derriere,
Et remorquent les nefs, pour en ceste maniere
Aux peuples d'Italie estre par bien long temps

trophee agreable & ioyeux passe-temps.
[M]ais peu d'entr'eux ont eu ceste faueur de viste,
[Q]ue à voile & à rame estre sauuez par fuitte.
[N]aupactus & Isthmos, Cyllene & Methoné,
Leüctre, & Messene, ensemble coroné:
[Le]s villes d'Arcadie, & les riues plaisantes
[D']Elis: toutes en sont les tesmoins suffisantes,
[Qu]e la trouppe fuyarde illecques ça & la
[A] Patræ leur voisine, à sauuement alla.
[O]cchiali soudain sus la haute mer monte,
[O]nze fois cinq vaisseaux prenant sa fuitte prompte.
[M]ais vous, ô Supernels, que n'auez vous dans mer
[E]t ce reste de flotte & leur prince abismer,
[Qui] des Strophades est & le nom & la race?
[Cr]oy certainement que si la triste face
[D']hyuer, & les flots de la mer s'esleuans,
[Ce]ste mort du Duc de Venise, & les vents,
[N']eussent empesché: ceste guerre eust l'adresse
[Do]nnee à nos Chrestiens de conquester la Grece,
[Les] Cyclades, la Cypre, & Lesbos, Rhode aussi,
[...]re & toute belle Isle au Turc soubmise ainsi
[...]s la grande Ionie: estant telle peur faitte
[Au]x Turcs circonuoisins, oyans la grand defaitte.

Leucas

Leucas haute & pierreuse en a tremblé de peur,
Et l'Itaque rochiere, aux grans nefs port mal-seur.
Mille mons à l'entour, & Zacynte en bois pleine,
Et le Pinde, & Othrys d'vne crainte soudaine
En furent estonnez. Les Faunes bois-hantans,
Satyres bicornus, & Nayades estans
Au milieu de leur dense, ont tins leur pied en serre,
Croyans que le Chaos fust retourné en terre.
Acheloé, Alphee, Euenus coulans-doux,
Peneus, Thyamis, & Selas, firent tous
Tourner leur onde amont. Caché se tient Neree
Dans la mer, estonné que l'onde coloree
De sang vermeil se voye, & que les bords salez
De ses ruiues, soyent pleins de corps à mi-brullez.
Ie ne pourrois iamais vous descrire l'histoire
D'vne telle bataille, encor que i'eusse, voire
La voix & chant d'Homere, ou du poëte Espagnol,
Ou du docte Maron le haut-chantant flageol.
Que quelcun cy apres, dans l'onde Aöniene
Nourry, sourde: & en vers heroiques nous vienne
A chanter les hauts-faits des grans Venetiens,
Et d'vn los eternel coronne les Ducs siens.
De moy il me suffit que i'aye pour cest' heure

ché, des Turcs, l'horrible & grand desconfiture,
e le recteur du Ciel à ceste nation
fidele, enuoya pour sa punition.
r peu au parauant, lors que Cypre fut prise,
Tyran, aux Chrestiens rompans la foy promise,
ntre tout le deuoir des hommes & des Dieux,
pauure peuple mit en seruage odieux,
ans les Citoyens es carrefours des rues
eurdry cruellement, leurs narines fendues,
escorché tous vifs, lesquels s'estoyent submis
ec leur vie sauue, aux veincueurs ennemis,
elas par trop en vain se fians aux paroles)
enans Dieu en tesmoin aux promesses friuoles.
O vous vrayement heureux, & qui deuez auoir
stre demeure au Ciel, qui fistes bon deuoir
ur la religion: ou vifs l'honneur acquerre,
en la mort cercher le Ciel par ceste guerre.
ourageux esprits! mais morts vous n'estes, non,
ns vous estre vengez: voicy, vn grand renom
us demeure à iamais, & au Ciel grand sallaire,
quel iour des viuans ne perdra sa memoire.
obles Venetiens prenez courage icy,
eparez vous à cas plus grans que cestuicy,

Vous

Vous qui n'a pas long temps sous le Duc Barbarique
Auez desfait le Turc dedans l'onde Ionique.
Ce Barbarique occis, maintenant vous auez
Soranze l'excellent, que pour chef vous suiuez.
Ce los en premier lieu vous est acquis, en somme.
Et toy tresbon Prelat du sainct siege de Rome
Cecy, ô Pie quint, requiert l'ayde d'enhaut,
Sainctes prieres soyent les armes qu'il te faut.
Philippe, d'Hesperie inuincible, grand Roy,
Rodiens cheualiers, Vrsin, Colonne, & toy
Auria, vous Dauauls, & Spinole, & encores
Quirin, & vous Tuscans, Ducs Sauoisiens, ores
Troupe fidele à Christ, tous qui d'vn sainct accord
Vous estes enrolez: venez par tout effort
Chassez moy ceste peste en vos manoirs regnante,
Allez tost, donnez voile, & qu'on se diligente
Sous la faueur de Dieu: d'aller soyez feruens
Ou le sort vous appelle, & ou à gré les vents
Vous attirent, aussi ceste defaicte grande
Laquelle du Tyran a deconfit la bande.
Armez six cens vaisseaux & cent mille soldarts
Des despouilles des Turcs: la Grece en toutes pars
Par vœus & par priere humblement vous appell

us presente la main d'amitié eternelle,
fera mesmement adioindre auecques vous
us les peuples amis que vous auez recous.
ue si ta force y est, trespuissant Roy de France,
De ces troubles estant ores à deliurance)
a victoire est certaine. Or Dieu ayde à ceux-la
ui combatent pour luy: promptement allez là.
ndez nous nos citez, faictes nos maisons rendre,
ui en sommes chassez: allez par force prendre
par terre & par mer la maistresse Cité
e ce meschant Empire: en bas precipité
t tout grand fort des Turcs: la derniere victoire
us prouoque à cela: car l'honneur & la gloire
un fait si excellent, vous promet à tousiours
ute felicité s'augmenter en vos iours.
ez donc tout arrest: en concorde amiable
llez pour dechasser de la mer nauigable
s infideles Turcs: par dela, tout au rez
s Mæotiques flots, & Scythiques marez:
ù ceste cruauté & Barbarie telle
tie, par tant dans esmeut guerre mortelle,
ceßiue aux Chrestiens, & par terre & par mer,
asſez de leur païs en vn exil amer.

Toy,

Toy, bon Dieu, gouuerneur & iuge de ce monde,
Qui es propre à mercy: ô tresbon laue, esmonde,
Le foruoyment de nous: fay que nos vieux pechez
Soyent mis pour tout iamais en oubli, & cachez.
Les Chrestiens adorant vont tes enseignes ores,
Et dessous ta conduicte ils s'efforcent encores
D'Europe, & de Lybie, & de l'Asie aussi
A dechasser le Turc: dresse leur voye icy,
Esloigne toute peste, & les vents à gré donne:
Oste leur toute peur: courage & force bonne
Vueilles leur octroyer: si qu'eux ayans de faict
Occis leur ennemy, triomphe leur soit fait,
Par tout aux pieds foulé ton honneur se voit estre.
Effraye l'ennemy, soit victrice ta dextre.
Ne vueilles dedaigner nos prieres, Seigneur:
Mille temples cachez, seront en ton honneur
Esleuez: de rechef toutes gens, de fumee
Rempliront ton autel de l'encent de Sabee.

FIN.

www.ingramcontent.com/pod-product-compliance
Lightning Source LLC
LaVergne TN
LVHW012018170826
845678LV00004BA/1538
9782329631912